P. DRUT

AF562838

MADAGASCAR

Que sera l'Expédition ?

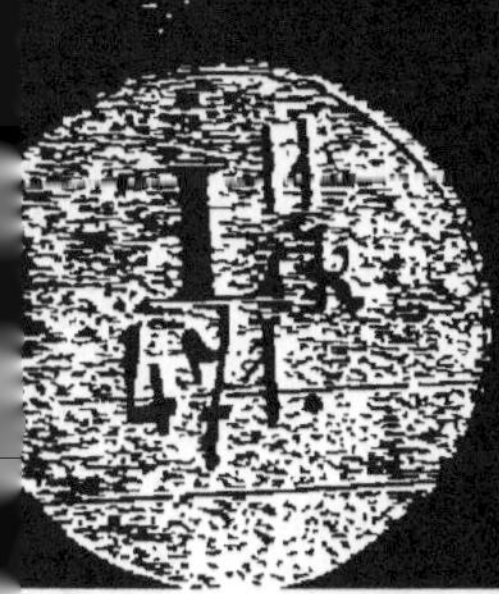

1894

MADAGASCAR

Que sera l'Expédition?

Lk 11
471

P. DRUT

MADAGASCAR

Que sera l'Expédition ?

1894

MADAGASCAR

Que sera l'Expédition?

Depuis quelque temps, la question de Madagascar est entrée brusquement dans une période si aiguë, que nous nous demandons si le gouvernement n'a pas agi dans un moment d'affolement, ou n'a pas voulu chercher à détourner momentanément l'attention publique.

Mais nous n'avons pas à nous occuper de cette dernière appréciation ; seule, la première reste, et avec toute sa gravité.

Certainement, notre situation à Tananarive n'avait rien de bien flatteur pour notre amour-propre ; mais, puisque nous y étions résignés depuis longtemps, laissant les jours succéder aux jours, sans paraître vouloir y apporter remède, à moins de cas d'une gravité excessive, nous pouvions peut-être patienter encore un peu, pour éviter de nous trouver en présence du même *premier ministre.*

Seulement, s'il fallait agir, nous devions le faire avec sang-froid et profiter de ce que le passé ne paraît guère avoir appris à nos hommes d'Etat.

Nous disons ceci, parce que nos derniers renseignements personnels sur Madagascar, et venus par le courrier qui a précédé le départ de M. Le Myre de Vilers, ne nous apprenaient rien de nouveau sur la situation ; c'est à cause de cela qu'à moins d'affolement, nous ne pouvons nous expliquer son brusque départ.

Ainsi que nous l'expliquerons plus loin, le choix pour cette mission de M. Le Myre de Vilers ne nous paraît pas très heureux.

Hâtons-nous de dire que nous ne professons à son égard aucun sentiment d'hostilité, bien au contraire, nous le tenons pour un homme de haute valeur, de grande honorabilité ; mais il a été à Madagascar.....

Bien entendu, nous ne pouvons connaître la teneur de l'ultimatum qui lui a été confié, mais nous pouvons être assuré presque qu'il ne produira aucun effet sur le premier ministre.

C'est alors que lourde va devenir devant le pays la responsabilité de MM. les sénateurs et de MM. les députés.

Il est évident qu'il n'y a plus à retomber dans les fautes anciennes et que, s'il faut une expédition, les résultats doivent en être sérieux, et, si l'on pense à aller à Tananarive, il faut songer qu'une semblable entreprise coûtera près de *cent millions* et nécessitera l'envoi, au moins, de *vingt mille* hommes.

Il serait, en effet, téméraire de ne pas tenir compte qu'une fois dans l'intérieur, la fièvre sévira sur le corps expéditionnaire dans une proportion qui ne sera pas moindre de 30 0/0, et encore !

Donc, la question posée est très nette ; ou M. Le Myre de Vilers réussit, alors tant mieux ! ou la guerre, et non plus comme en 1885.

Il reste donc à examiner les résultats d'une marche sur la capitale.

Entreprise d'autant plus grave, que nous avons

des préoccupations sérieuses sur d'autres points, et beaucoup plus intéressants que Madagascar.

Au Soudan, nous avons Tombouctou, c'est très bien, mais nous n'y sommes pas encore assurés, et nous avons à craindre des difficultés sur le Niger, suscitées par les Anglais.

Au Tonkin, on n'est pas en guerre, mais on a toujours à se défendre contre les pirates et les Chinois.

En Indo-Chine ? N'est-ce pas un gros point noir que cette question du Siam ? et qui est là ? John Bull !

Nous avons, il me semble, une petite question à régler avec les bons noirs d'Haïti. Ça ne coûterait pas cher, et cependant nos nationaux ne sont pas défendus.

Mais revenons à Madagascar.

Il ne s'agit pas d'aller follement jeter l'argent de la France, de faire verser ou plutôt épuiser par la fièvre le sang de ses défenseurs, sans savoir ce que l'on veut.

Or, savoir ce que l'on veut et si ce que l'on veut en vaut la peine, voilà la question !

Nous n'hésitons pas à le dire, mais on est ignorant en France sur ce que vaut Madagascar.

Pourquoi? Pour les causes que nous allons citer, qui, produisant moins d'effet dans les autres colonies, un peu mieux connues aujourd'hui, gardent là-bas, dans la grande île, toute leur intensité.

Ce mot de Madagascar éveille des idées de pays merveilleux, on dirait presque qu'il équivaut à ce nom d'Eldorado, à la recherche duquel allaient autrefois les conquistadores.

Mais, dans notre siècle à vapeur et à télégraphe, pourquoi cette légende subsiste-elle encore?

Parce qu'en France on reste sur les mots, malgré la propagande coloniale qui est faite et qui, d'ailleurs, est récente.

Les mots et les idées sont restés incrustés dans la tête du public. C'est du reste si commode; Madagascar a été toujours présenté comme un pays féerique, donc ce doit être, qui donc irait voir!

Si on écoute un négociant, le pays est bon ou mauvais selon la réussite de ses opérations ou l'intérêt secret qu'il a à le présenter sous un jour déterminé.

C'est donc une cause d'erreur et il faudrait en écouter beaucoup et de commerces différents, pour arriver à se faire une appréciation, qui serait vague quand même.

Il y a, ce qui paraîtrait le plus sûr, les rapports des fonctionnaires.

Nul doute qu'il n'y en ait de remarquables, mais ceux-là ne sont pas faits pour le public et ils sont enfouis dans quelques coins d'un ministère, les rats seuls pouvant se permettre d'y fourrer leur nez.

Les autres sont faits sur commande et suivant les besoins de la cause et du moment : on sait donc ce qu'ils valent.

D'autre part, les fonctionnaires n'ont vraiment qu'une préoccupation : soigner leur avancement ; quant à la colonie, elle leur importe peu.

Il faut n'avoir jamais mis les pieds sur un bateau, pour ignorer (dès le premier tour d'hélice) avec quel soin les fonctionnaires calculent le nombre de jours qu'il leur reste à faire, avant leur prochain congé ; avec quelle espérance ils escomptent une petite indisposition qui leur fera obtenir par anticipation un congé de convalescence.

Et puis, ne font-ils pas partie de l'administration, du mandarinat comme ils disent.

Que peut savoir le pauvre diable qui, sur la foi des promesses d'autant plus allèchantes qu'elles revêtent parfois un quasi-caractère officiel, caractère qui, aux yeux des Français, a toujours un certaine prestige, arrive dans la colonie.

Les mandarins le considèrent du haut de leur grandeur; ne faut-il pas avoir commis tous les crimes pour venir chercher, sinon fortune, du moins son pain dans un pareil pays ! Il n'a que la ressource de s'en aller quand il le peut.

Vienne un étranger, tout change !

Mais certainement il a raison, il y a de l'argent à gagner, les Français devraient bien venir......

Mais, c'est vous qui les faites fuir, car ils n'ont pas de consuls pour les défendre contre ceux qui devraient être leurs protecteurs naturels.

Il y a encore ceci de plus grave, c'est que ces messieurs fournissent d'autant moins de travail qu'ils montent en grade ; le contraire devrait être, mais c'est cependant ainsi.

La retraite, la sainte retraite approche, rien ne peut vous la retirer, elle sera là tel jour, à telle heure ; pourquoi donc se remuer inutilement, le strict nécessaire, n'est-ce pas déjà trop, et on raisonne ainsi cinq ou six ans d'avance.

Puis, les fonctionnaires, à moins d'être d'un caractère curieux, ne peuvent pas toujours voir les choses comme elles sont.

En effet, le bateau est à peine arrivé, que les collègues du nouvel arrivant sont à bord. Il n'a plus à s'occuper de rien, la chaloupe à vapeur de l'administration ou, à son défaut, le canot est là pour prendre ses colis : il débarque, son gîte et sa pension sont prêts.

Que se passe-t-il pour un passager non officiel? Il lui faut chercher une pirogue quelconque, surveiller ses bagages, débarquer dans des conditions parfois dangereuses, heureux si la nuit ne le surprend pas ; ensuite se débrouiller.

Le fonctionnaire qui est obligé d'aller à un point quelconque a toutes les facilités relatives et en plus est toujours accompagné.

L'administration lui fournit ce dont il a besoin.

Mais les colons ?

Croyez-vous que la route de Tamatave à Tananarive sera parcourue par M. Le Myre de Vilers dans les mêmes conditions que nous la ferions, nous?

Non, n'est-ce pas.

Donc, l'appréciation doit changer en étant, cependant, de même bonne foi. Ceci est une grande cause d'erreur pour les observations des fonctionnaires.

On nous reprochera sûrement d'avoir poussé le tableau trop au noir ; nous ne disons, cependant, que ce que nous avons vu un peu partout.

Il faut ajouter qu'il se présente des exceptions, mais c'est justement ce qui confirme les règles.

Isolément, le fonctionnaire n'est pas féroce, mais dans l'exercice de ses fonctions il croirait s'amoindrir s'il ne cherchait toutes les occasions de montrer son autorité.

Il en est, hélas! de même en France, chacun sait cela, et c'est malheureusement un mauvais état d'esprit dont nous ne savons comment on pourra se défaire.

Mais en voilà trop, revenons vite à Madagascar.

Que vaut Madagascar?

Pour les uns, c'est un pays féerique, pour d'autres, il est sans aucune valeur, presque sans ressources.

Entre les deux extrêmes, il y a de la marge, mais ce que nous tenons pour vrai, c'est que sa réputation est très surfaite.

Ce n'est pas un livre que nous faisons, nous voulons simplement montrer les dangers d'une expédition (qui s'imposera peut-être?) et mettre le pays en garde contre les déclamations qui ne vont pas tarder à se produire, dès les premières nouvelles de M. Le Myre de Vilers.

Ce serait commettre une grosse faute de croire que la connaissance de l'histoire de Madagascar n'est pas utile.

Très utile, au contraire, car les difficultés que nous rencontrons, aujourd'hui, sont presque les mêmes que celles d'il y a près d'un siècle : et si celui qui à distance, s'en tenant au traité Patrimonio, aurait suivi tout ce qui se passa à Tananarive, ne se tromperait que de ceci : qu'il croirait discuter et traiter avec des civilisés, quand ce ne sont encore que des barbares, voire des sauvages.

Rien n'est changé à Madagascar !

Jetons donc un coup d'œil rapide sur les événements qui se sont déroulés dans l'île, en soulignant, ce qui sera facile, les fautes commises.

Disons bien vite que nos droits indiscutables sur l'île remontent à 1642, date de notre établissement à Fort-Dauphin et qui fut détruit par les indigènes dans la nuit de Noël, en 1672.

Passons sur les divers établissements formés depuis cette époque jusqu'au commencement du siècle, ne mentionnons que ce fait : *que le nom hova était inconnu* et que sa première apparition date environ de 1810 sous Radama Ier.

Quels sont donc ces Hovas inconnus la veille, qui viennent tout à coup jouer un rôle si considérable dans la question de Madagascar ?

Eux-mêmes ont perdu la notion de leur origine,

on les suppose de race malaise et ils auraient abordé la côte ouest de Madagascar, il y aurait environ deux cent cinquante ans.

Exécrés, méprisés des indigènes, qui les appellent Amboas-Lambos (chiens-porcs), traqués, ils gagnèrent le centre de l'île.

Ils massacrèrent tous les habitants, saccagèrent le pays et détruisirent les forêts.

Ils sont fourbes, voleurs, menteurs ; on veut s'entêter à les croires civilisés, nous dirons d'où vient l'erreur et nous répéterons encore ceci : ce ne sont que des sauvages.

On a amené en France plusieurs fois de jeunes Hovas, que sont-ils devenus ? Rentrés chez eux, ils se sont remmalgachés et ont fini même par désapprendre le français.

D'où vient donc leur force ? De nos fautes et de notre faiblesse !

A la fin des guerres du premier empire, Madagascar tomba au pouvoir des Anglais et plus tard, quand l'île nous fut restituée, nous restâmes plusieurs années, confiants dans nos droits séculaires, sans nous y réinstaller. Voilà l'origine du mal.

Ce temps fut mis à profit par les Anglais qui, cherchant à nous empêcher d'établir notre suprématie à Madagascar, s'abouchèrent avec le roi sauvage de l'Emyrne.

Ils le flattèrent, lui firent des cadeaux, lui fournirent des armes et lui conseillèrent de subjuguer les autres tribus.

En 1817, Radama s'empara de Tamatave; nous laissâmes faire!

En 1820, les Anglais eurent un résident général à Tananarive et obtinrent l'autorisation d'ouvrir des écoles.

Ce n'est qu'en 1822 que Sylvain Roux, nommé commandant de Sainte-Marie, s'y rendit.

Il mourut l'année suivante et fut remplacé par le capitaine Blevec.

Sous la conduite d'Hastie, agent anglais, les Hovas avaient attaqué et pillé divers points de la côte; Blevec s'était borné à défendre Sainte-Marie et à *protester*.

Radama Ier répondit qu'il ne reconnaissait à aucune puissance des droits sur Madagascar, « parce que, seul, il était capable d'en soutenir le prestige ». Ce ne fut pas relevé!

Ainsi voilà jusqu'où allait l'insolence de ce sauvage surexcité par les Anglais qui, à Tananarive, étaient devenus ses conseillers.

En 1825, les Hovas s'emparèrent de Fort-Dauphin, où nous avions une petite garnison, par trahison et au mépris de toutes conventions; le drapeau français fut déchiré.

En même temps, Radama Ier faisait paraître, dans un journal de Maurice, devenu organe officiel d'un sauvage, un décret ouvrant les ports de Madagascar aux Anglais, mais les fermant aux Français.

Toujours rien, de la part du gouvernement français!

Mais voilà qui est plus fort; différentes peuplades s'étaient soulevées contre les Hovas, à leur tour, ils étaient à Fort-Dauphin dans une situation désespérée; leur commandant fit demander au gouverneur de Bourbon de prévenir Radama de sa position.

Ce fut fait!!

Et, au lieu d'aider les tribus de l'est, nos sujettes, révoltées, elles aussi, contre les Hovas, nous laissâmes les Anglais transporter sur leurs bateaux les troupes de Radama, pour les combattre et les écraser.

En récompense, « le roi de Madagascar » fit défense, sous peine de mort, de rien fournir à nos colons de Sainte-Marie.

Radama mourut en 1828. Qu'y a-t-il eu de fait pendant cette période de 1816 à 1828? Rien!

Ranavalona Ire, sa femme, lui succéda et régna jusqu'en 1861.

Toute la barbarie hova est incarnée en elle. Elle ne vécut que dans le sang, et avait au dernier point la haine des étrangers.

Elle ne voulut même pas reconnaître les traités que les Anglais avaient passés avec Radama Ier.

Le gouvernement français résolut d'en finir et de reprendre possession des points de la côte d'où nous avions été chassés, par suite de l'influence anglaise.

Le capitaine de vaisseau Gourbeyre bombarda Tamatave..... mais à Foulpointe, faute de ressources suffisantes, il fut forcé de se retirer et les têtes des morts et des blessés qu'il avait été contraint d'abandonner furent promenées triomphalement au bout des sagaies.

On se mit à vouloir négocier avec la reine, qui ne répondit pas. En 1830, l'ordre fut donné par le gouvernement de retirer nos troupes de Madagascar, ne conservant que Sainte-Marie.

Nous abandonnâmes encore une fois nos alliés les Bestimisarakas.

Ranavalona triomphait et les Anglais eux-mêmes durent quitter Tananarive (1835).

En 1840, les Sakalaves de l'ouest, traqués par

les Hovas qui s'étendaient toujours dans l'intérieur, demandèrent notre appui.

L'amiral Helle, gouverneur de Bourbon, n'hésita pas : il prit possession de Nossi-Bé, de Nossi-Comba, passa des traités avec des chefs, qui lui abandonnaient leurs droits sur la plus grande partie de la côte ouest.

Louis-Philippe ratifia tous les traités, mais ne fit pas occuper les côtes de Madagascar ; toujours les indécisions, les demi-mesures.

En 1845, de tels actes de sauvagerie furent commis contre les traitants de Tamatave qu'il fallut bombarder ce village ; mais quand on voulut s'emparer des forts, les munitions manquèrent et, encore une fois, il fallut abandonner les morts ; leurs têtes restèrent exposées pendant dix ans sur le sable.

C'en était fait pour longtemps de toute entreprise, et d'autant plus qu'une corvette anglaise ayant pris part à cette tentative malheureuse, la reine ne se possédait pas de joie d'avoir été victorieuse des Français et des Anglais coalisés.

Cependant il y avait à Tananarive deux Français qui avaient acquis une certaine influence : M. de Lastelle par suite de fournitures d'armes et de la création de quelques établissements agricoles;

M. Laborde, par des établissements industriels où l'on fabriqua aussi des armes.

Ils avaient été pris en amitié par le prince Rakoto, fils de la reine, et M. Laborde s'était occupé de son éducation.

En 1852, M. Lambert vint de Maurice à Tananarive et partagea de suite les idées de MM. Lastelle et Laborde au sujet de modifier la situation de Madagascar.

Le prince Rakoto avait même demandé à l'empereur Napoléon III son appui : le but était de déposer la reine, dont les crimes dépassaient toute imagination.

C'est vers cette époque que, le 8 août 1855, la première messe fut célébrée à Tananarive par le père Finaz ; et les Anglais avaient des missionnaires depuis 1820.

Peu après, il se passa un fait très grave. M. d'Arvoy, qui faisait, dans la baie de Passavanda — territoire sakalave cédé à la France — des recherches au sujet d'une mine de houille, fut assassiné avec plusieurs autres Français.

La reine, folle de joie, fit tirer le canon, avisa le gouverneur de Maurice de sa victoire contre les Français et ce dernier envoya une frégate pour la féliciter. Drôle !

Nous nous battions au même moment en Crimée pour les intérêts de l'Angleterre.

M. Lambert revint à Tananarive sans avoir pu obtenir de l'empereur le protectorat qu'il était allé demander au nom du prince Rakoto.

Les missionnaires anglais, dénaturant les faits, firent croire à la vieille Ranavalona que son fils et le Français en voulaient à ses jours.

Ils n'y réussirent que trop et il y eut une expulsion de tous les Français (1857).

Enfin, en 1861, cette reine sanguinaire mourut et Rakoto lui succéda sous le nom de Radama II.

L'influence française triomphait alors. M. Laborde était nommé consul et pour la première fois arborait notre drapeau à Tananarive.

Des traités furent passés et une Société au capital de 50 millions fut constituée.

Les Anglais veillaient ; ils firent assassiner le roi et ensuite bavèrent leurs calomnies sur MM. Laborde et Lambert (mai 1863).

Ils conseillèrent à Rainivonninahitriony d'épouser la veuve de Radama II, Rosaherina, et de la proclamer reine.

Tous les traités signés avec Radama furent déclarés nuls.

BIBLIOTHÈQUE NATIONALE R.F.

M. Laborde, ne pouvant plus tenir contre l'influence anglaise, amena son pavillon et partit pour Tamatave.

Le commandant Dupré, de l'*Hermione*, fit mine de vouloir employer la force, mais ne fit rien.

M. Laborde retourna à Tananarive sans fonctions officielles.

Les Anglais l'emportaient encore, nos traités étaient déchirés et nos menaces vaines.

La Société de « Madagascar » constituée sous Radama, ne pouvant plus rien entreprendre, fit réclamer, par le gouvernement français, une indemnité de 900,000 francs.

Il se passait alors, en 1864, à Tananarive, un événement qui pèse aujourd'hui sur toutes les questions que nous avons à débattre dans la grande île.

Le premier ministre avait été renversé par son frère Rainilaïrivony, qui aussitôt épousa la reine (cela se passe ainsi là-bas) et qui est encore aujourd'hui premier ministre.

En 1865, les Anglais conseillèrent à la reine de payer l'indemnité et y contribuèrent probablement, mais, en même temps, ils passèrent un traité avec le gouvernement hova.

Nos relations étaient non pas tendues avec les Hovas, mais presque rompues lorsque la reine Rosaherina mourut en 1868, et une de ses cousines, Ramona, fut proclamée reine sous le nom de Ranavalona II et épousée par le premier ministre.

M. Garnier, représentant de la France, après bien des humiliations, parvint à obtenir un traité du gouvernement hova.

Il y avait déjà trois ans que l'Angleterre avait le sien !

Et quel traité encore... Ranavalona était appelée reine de tout Madagascar et si nos droits sur l'île existaient, ils n'y étaient pas mentionnés.

En tout cas, il fut de suite rendu illusoire par le premier ministre.

A la suite des désastres de 1870, on peut imaginer sous quel jour les Anglais nous représentèrent alors : nation perdue... sans armée...

Madagascar fut un peu délaissée, les Anglais devinrent prépondérants.

En 1878, la mort de M. Laborde vint nous enlever le peu d'influence que nous avions pu y conserver.

La reine le regretta beaucoup et déclara à ses

neveux « qu'elle serait désormais une mère pour eux » ; mais quand il s'agit de les mettre en possession de leur héritage, M. Cassas, qui était alors notre consul à Tananarive, ne put rien obtenir de la reine (c'est ainsi qu'elle tenait ses promesses) déclarant qne tout lui appartenait à Madagascar.

Après deux années de pourparlers inutiles, M. Cassas se rendit à Tamatave (1881) où il apprit que M. Meyer le remplaçait. Ce dernier n'y resta que quelques mois et fut envoyé à Singapour.

Les missionnaires anglais ne se gênaient nullement pour aller sur la côte ouest chercher à soulever les Sakalaves contre nous.

Nous avions, en résumé, une situation très précaire.

M. Beaudais, qui avait remplacé M. Meyer, appela sérieusement l'attention du gouvernement sur ce qui se passait ; il fallait ou protester en agissant au besoin et énergiquement, ou disparaître.

Naturellement, on fit des représentations au premier ministre qui manifesta son étonnement, puis n'en tint pas compte.

L'attitude de la population devint assez menaçante pour que M. Beaudais fût obligé de se rendre à Tamatave (1882).

Après son départ, M. Campan, chancelier, fut menacé de mort; il conseilla à tous les Français de le suivre, mais M. Suberbie trouva la mesure prématurée, ce départ devant être une déclaration de guerre. Pour ne pas laisser insulter le drapeau il partit à son tour.

La situation devenait des plus graves ; la tête d'un négociant français assassiné fut promenée dans les rues de Tananarive.

Le commandant Le Timbre reçut l'ordre d'agir suivant les événements ; après avoir parlementé, il alla arracher les pavillons hovas, plantés sur notre territoire de Passavanda.

Le premier ministre était inquiet, mais l'Anglais était là pour l'exciter à la résistance.

Pour gagner du temps, il envoya une ambassade à Paris : ces sauvages insolents osèrent dire que la force seule viendrait à bout d'eux; et la défense s'organisait à Madagascar.

A Tananarive, la situation devenait terrible pour nos nationaux. Dans les premiers jours de janvier 1883, le premier ministre avait convoqué tous les étrangers et leur avait conseillé de ne pas quitter la ville.

En France, on commençait à se préoccuper de

cette situation et l'amiral Pierre reçut l'ordre de s'emparer de Majunga (mai).

Aussitôt que cette nouvelle parvint à Tananarive, le R. Parett courut au palais du premier ministre, demandant la mort de tous les Français.

Le soir même, le premier ministre déclara que tous les traités passés avec la France étaient nuls et ordonna aux Français d'avoir à partir sous quatre jours.

Le Hova se montra encore une fois tel qu'il était : sauvage, fourbe, lâche et cruel.

La route fut lamentable, les injures et les mauvais traitements ne furent pas épargnés ; enfin, grâce à l'énergie de M. Suberbie, on parvint à Ivondro après 25 jours de route.

L'amiral Pierre, après la prise de Majunga, s'était rendu à Tamatave et il avait encore adressé un ultimatum à la reine, mais, encore une fois, la réponse fut négative.

Le 9 juin, il s'empara de la ville; citons ce fait presque invraisemblable, qui se passa alors, un misérable prédicant, nommé Shaw, tenta d'empoisonner nos soldats avec du vin.

Il fallait le fusiller !

On l'arrêta et l'Angleterre finit par obtenir du

gouvernement français non seulement sa liberté, mais encore une indemnité de 25,000 francs !!!

En juillet Ranavalona II mourait et sans perdre de temps le premier ministre proclama reine une parente sous le nom de Ranavalona III (qui vit encore aujourd'hui) et se hâta de l'épouser.

L'amiral Galiber avait remplacé, en septembre 1883, l'amiral Pierre qui venait de mourir; il occupa différents points et se remit à entamer des négociations.

On se remit encore à reparlementer et on continua à occuper quelques points par-ci, par-là.

En janvier 1885, nous occupons la baie de Diégo-Suarez.

Enfin en juillet, le gouvernement français demande un crédit de 12 millions; il fit encore appel à la conciliation sans plus de résultat.

L'amiral Miot attaqua alors Farafatte où étaient retirés les Hovas, à 6 kilomètres de Tamatave; mais l'ennemi était en force supérieure et il fallait se retirer.

Nous fîmes encore quelques tentatives pour

empêcher les Anglais d'approvisionner les Hovas et enfin le gouvernement fatigué..... envoya M. Patrimonio, pour reprendre les négociations.

Le 17 décembre, un traité de paix fut signé et, le 27 février 1886, il fut ratifié par les Chambres.

Les signataires étaient, pour la France, M. Patrimonio, ministre plénipotentiaire et l'amiral Miot.

Pour la reine de Madagascar, le général Willoughby.

Nous n'avons jamais pu comprendre comment nos plénipotentiaires purent mettre leur signature en regard de celle d'un pareil individu.

Dans le courant de janvier, l'amiral Miot et M. Patrimonio montèrent à Tananarive, pour faire signer le traité.

A ce moment, il y eut un incident qui faillit tout compromettre.

Le premier ministre, voulant soi-disant être renseigné sur la portée de quelques articles, demanda une note explicative que s'empressèrent de lui donner nos plénipotentiaires.

Cette note fut du reste désapprouvée plus tard par M. de Freycinet.

Dans le traité, le mot protectorat n'était pas prononcé ; mais nous avions un résident général pour présider aux relations extérieures de Madagascar.

Nous conservions Diégo-Suarez. Nous réclamions une indemnité de 10 millions.

Mais nous reconnaissions Ranavalona III reine de tout Madagascar ; les Sakalaves, nos anciens alliés, étaient abandonnés à la bienveillance du gouvernement de la reine.....

Le gouvernement français nomma alors M. Le Myre de Vilers, résident général à Tananarive, et le choix fut fait sous l'empire de cette idée que : il ne fallait pas avoir, pour arriver à une entente avec les Malgaches, un homme ayant déjà été en contact avec eux !

Du reste, la nomination de M. Le Myre de Vilers était bonne en soi, car on comptait sur sa connaissance des caractères des extrêmes-orientaux.

M. Le Myre de Vilers arriva à Tananarive le 13 mai 1886.

Il ne tarda pas à être aux prises avec les difficultés.

Il y eut d'abord l'affaire Kingdom, cet Anglais qui voulait traiter avec le premier ministre pour créer une banque d'Etat, percevoir les droits de douane, etc., enfin Madagascar passait en fait, par toutes ces créations, entre les mains anglaises.

Ces manœuvres furent déjouées; mais aussitôt survinrent d'autres questions, car le premier ministre s'en tenait à la lettre explicative du traité, repoussant le reste, tandis qu'en France, cette lettre était sans valeur et on voulait l'exécution du traité.

C'est toujours la question actuelle.

Bref, pas d'entente possible. Il y eut la question de délimitation de Diégo-Suarez, restée en suspens.

Ici encore, un incident inexplicable : un de nos navires de guerre, le *Nielly*, transporta à Vohemar, que par le traité nous avions abandonné, des troupes hovas. Inutile de dire quelle fut leur conduite à l'égard des indigènes.

Ce même bateau emmena à Diégo-Suarez d'autres troupes hovas qui devaient se rendre à Ambohimar.

Elles y sont toujours et menacent notre colonie.

Mais le plus fort de tout cela, c'est qu'à bord de ce même bateau se trouvait un Anglais, lieutenant de Willoughby qui, pendant la guerre, avait fait couper la tête à nos soldats, pour les envoyer à Tananarive.

Cet Anglais allait à Diégo-Suarez prendre livraison d'armes et de munitions pour les soldats que nous transportions avec tant de... naïveté.

Malgré le traité, nos nationaux ne trouvaient partout que mauvais vouloir.

Le premier ministre était presque toujours invisible, les Sakalaves se plaignaient des mauvais traitements des Hovas ; et enfin se posa la question, beaucoup plus grave, de l'exequatur, question non tranchée encore.

M. Le Myre de Vilers, agacé, manqua alors de sang-froid, il fit partir son escorte, mais pour la rappeler deux jours après, alors qu'elle était à Moramanga.

Ce fait fit perdre à notre résident le peu de pouvoir qu'il avait encore.

M. Le Myre de Vilers prit un congé, laissant l'intérim de la résidence à M. Larrouy.

Il revint à Tananarive fin 1888, mais pour y séjourner peu de temps et y laisser une réputation de grande prodigalité.

Etait-ce bien de mise de jouer au grand seigneur vis-à-vis de ces noirs ?

En juillet 1889, M. Bompard le remplaça pendant un an ; il n'y eut rien de saillant, puis les rapports se tendirent encore avec le premier ministre.

En 1891, M. Lacoste prit l'intérim, rien n'était changé dans la situation.

Le 18 octobre 1892, M. Larrouy rentra à Tananarive, comme résident.

On peut dire que, ni pendant le séjour de M. Le Myre de Vilers, ni après, jamais le premier ministre n'a eu l'intention sérieuse de vouloir exécuter le traité de 1885.

A tout, il opposait l'inertie, mais nous, n'agissions-nous pas de même, avec cette (qu'on nous passe l'expression) politique d'autruche.

Le mot d'ordre pourrait presque être interprété ainsi : pas d'affaires avec les puissances, pas de peine aux Hovas ni aux Anglais.

Donc, pourvu qu'on fût tranquille en haut lieu, on paraissait satisfait.

Il faut ajouter encore qu'un événement quelconque arrivé à Diégo-Suarez avait sa répercussion à Tananarive et c'était le résident général, qui n'en pouvant mais, qui en subissait les conséquences.

Nous n'avons pu jamais comprendre cette erreur, de faire dépendre Madagascar de deux ministères, les ministres se succédant déjà assez rapidement, pour ne pas avoir le temps de se tracer une ligne de conduite.

Il était bien inutile de compliquer la question en la subordonnant à deux idées.

Mais ce n'est pas tout, il faut connaître la rivalité qui existre entre les fonctionnaires de ces deux départements : ils se détestent, là-bas, avec assez de cordialité. A la résidence, c'est la faute de Diégo-Suarez s'ils ont quelquefois des ennuis.

A Diégo, si on les avait laissés faire, sans être aussi timoré, il y a longtemps que.....

Enfin, à notre appréciation, le ministre des affaires étrangères, traitant avec toutes les grandes puissances, ne perdrait pas beaucoup de son prestige en abandonnant à son collègue des colonies la poignée de noirs de Madagascar.

S'il en eût été ainsi, peut-être serait-il arrivé qu'on aurait moins parlementé, agi davantage, en ne tombant pas dans l'erreur de croire à un gouvernement régulier et de bonne foi.

Nous n'avons pas, dans les quelques lignes servant à montrer l'origine du conflit, parlé du gouvernement hova.

Il nous faut cependant dire ce qu'il est ou, plutôt, ce qu'il n'est pas.

Il n'y a pas de gouvernement à Madagascar !

Tous les décrets qui furent rendus l'ont toujours été suivant le bon plaisir du roi ou de la reine, ou inspirés par les Anglais, à qui souvent ils ne profitaient pas directement, mais qui servaient à gêner notre influence.

Le but poursuivi n'était pas le progrès réel des Malgaches, mais de faire croire à l'Europe qu'ils se civilisaient rapidement, que c'était à eux-mêmes qu'était dû l'avancement de ce pays dans la civilisation.

En mars 1881, la reine proclama le premier Code hova écrit.

Il a été rédigé et imprimé par les missionnaires anglais.

Ce Code contient 305 articles et 31 chapitres. Il traite à peu près de tout.

En même temps eut lieu la création de huit ministères.

Enfin, ils devaient avoir une organisation sérieuse et à l'européenne.

Qu'y a-t-il de tout cela ? Rien !

Les soi-disant ministres, qu'ont-ils à faire ? que sont-ils ?

Il n'y a que la volonté seule du premier ministre.

A Madagascar, aucun fonctionnaire n'est payé ; qu'il soit gouverneur de province, juge ou autre...

C'est à lui de faire sa fortune ; tout se vend ; aussi on peut résumer la situation en trois mots :

Cupidité, exactions, concussions.

Et pourvu que le premier ministre ait une part suffisante, il ferme les yeux.

Qui sait si ce beau Code n'a pas été une des causes du traité de 1885 ? Qui sait ce qui serait advenu si on avait été sûr, à Paris, qu'on n'avait affaire qu'à de vulgaires sauvages !

Nous avons dit que le choix de M. Le Myre de Vilers, pour aller porter un ultimatum au premier ministre, ne nous paraissait pas heureux.

Voici pourquoi :

Lorsque M. Le Myre de Vilers fut désigné en 1886 pour aller à Tananarive, le gouvernement l'avait choisi parce qu'il fallait un homme n'ayant pas été encore en contact avec les Malgaches.

Or, ce qui était mauvais alors est bon aujourd'hui !

Nous avouons ne pas comprendre.

D'autant moins que, dans ses rapports avec le premier ministre, c'est M. Le Myre de Vilers qui eut le dessous.

Et c'est à ce même premier ministre qu'il va avoir affaire.

Croit-on donc que le vieux singe ne se rappellera pas ? Oh ! non, il n'a pas oublié.

Il pourra, s'il n'a pas sa colique diplomatique, recevoir de suite notre représentant et pourra même lui faire de bonnes promesses.

Et l'on aurait encore confiance en ses paroles, vraiment, ce serait à se demander qui l'on veut tromper.

Si l'ultimatum qu'emporte M. Le Myre de Vilers comporte des garanties immédiates, le premier ministre préférera la guerre.

Pourquoi?

Parce que quand même il le voudrait, il ne peut pas faire de concessions, sous peine d'être renversé, mis à mort peut-être, par tous les Hovas, à qui le moindre changement dans leurs tripotages, dans leurs vols, serait la cause de leur ruine.

Il préférera avoir recours à la guerre, à tout, plutôt qu'une concession.

Puis, il faut bien noter qu'il perd tous les jours de son influence, les gouverneurs lui échappent ; les Fahavallos qui, il y a peu d'années, étaient quelques centaines, sont aujourd'hui des milliers et partagent le produit de leurs brigandages avec les gouverneurs.

S'il y avait peu de gouvernement dans l'Emyrne, on peut presque dire qu'aujourd'hui il n'y en a plus.

Dans ces conditions, comment et avec qui traiter ?

Or, puisque c'est l'éventualité d'une guerre que nous envisageons, voyons ses conséquences.

Il ne s'agit pas, dans cette question de Madagascar, seulement des Hovas; si ceux-ci ont subjugué une grande partie des peuplades, il y en a encore qui sont restées indépendantes.

Ce sont les plus sauvages, les plus barbares, peut-être croyons-nous presque incivilisables.

Donc, il faudra forcément à un moment donné compter avec elles.

Jetons un coup d'œil rapide sur les principales tribus.

Dans le centre de l'île, au sud de l'Emyrne, on trouve les Betsileos, assujettis aux Hovas.

Au sud, les Bares.

Au sud-est de ceux-ci, les Antanossy et, suivant la côte en allant au sud, les Antandroz.

Sur le canal de Mozambique, les Mahafally; entre ces tribus, les Machicores; au nord des Mahafally, les Féerègnes.

Toutes ces tribus sont sauvages, détestent l'étranger.

Un exemple va montrer ce que sont encore ces peuplades : l'agression au début de 1894 contre les traitants établis au cap Sainte-Marie.

Ici, il n'est pas question des Hovas, mais des tribus qui détruisirent Fort-Dauphin en 1672 et qui furent des premières en contact avec l'Européen (1).

En remontant la côte ouest, nous sommes en plein chez les Sakalaves.

Une assez grande partie de ceux-ci sont restés indépendants et particulièrement ceux de l'Ambougou, dont le pays est si pauvre et si malsain, que les Hovas ne purent jamais s'y fixer.

Au nord-ouest, le Boueni, qui joue un grand rôle dans la question actuelle. Entre le cap d'Ambre et l'Emyrne, les Antankaras entièrement soumis aux Hovas, ainsi que toutes les tribus de la côte est, dont la principale est celle des Betsimisarakas.

En cas de guerre, quelle sera l'attitude de ces diverses tribus vis-à-vis des Hovas ?

C'est fort difficile à prévoir ; peut-être celles du sud essayeront-elles de chasser les Hovas de quelques postes qu'ils ont dans ces régions.

---

(1) Voir les journaux de juin 1894.

Cela se pourrait, mais ne nous avancerait guère.

Les Betsimisarakas ne servant qu'au métier de porteur, si toutefois les Hovas ne les ont pas fait se retirer dans l'intérieur de l'île, comme soldats nous n'aurions pas à compter beaucoup sur leur courage.

Et cette question des porteurs est très considérable là-bas ; comment, sans eux, assurera-t-on le ravitaillement des troupes, par nous-mêmes, il n'y faut point songer, car il n'y pas de routes et tout doit être transporté à dos d'hommes.

On compte beaucoup, paraît-il, sur les Sakalaves de l'ouest.

Certainement, ils détestent les Hovas, et ne demanderaient pas mieux que de les voir hors de leur territoire, mais on ne doit espérer quelque chose que de ceux du Boueni.

Ceux de l'Ambougou sont restés indépendants, ceux du Ménabé se trouvant beaucoup trop loin et tout à fait en dehors de la sphère d'action d'une expédition.

Nous croyons qu'on risque de se tromper en comptant trop sur eux.

Oui, ils nous aideront à chasser les Hovas de la côte, mais il nous paraît téméraire de croire qu'ils marcheront sur Tananarive.

La route est longue, le pays très pauvre et à peu près désert, et ses habitants ne doivent même pas connaître beaucoup le nom français.

Nous craignons donc qu'une fois les postes hovas évacués, les Sakalaves, s'en tenant à ce résultat satisfaisant pour eux, ne veuillent pas quitter leurs villages pour s'en aller au loin, n'en comprenant pas le but.

Et encore, quelle confiance ces Sakalaves ont-ils encore en nous? Ne leur avions-nous pas promis notre protection et nous les avons abandonnés par le traité de 1885!

Les Sakalaves sont divisés en une foule de petites tribus obéissant à des chefs constamment en querelle entre eux et cette race, qui occupe une si grande surface de l'île, n'offre aucune cohésion.

Restent les Antankaras, de race sakalave, et qui sont au sud de notre colonie de Diégo-Suarez.

S'ils étaient si mécontents des Hovas, qui donc les empêche de venir se mettre sous notre protection et travailler en sécurité chez nous.

On peut se demander quelle sera leur attitude en cas de conflit.

Voyons les appréciations portées sur les indigènes dans les points principaux de l'île.

D'après les habitants de Tamatave, tout le mal vient des Hovas; quand une fois on les aura châtiés, tout ira bien.

Il n'y a qu'à monter à Tananarive, l'expédition ne coûtera pas cher, il faudra si peu d'hommes; il est bien malheureux qu'il n'en puisse être ainsi.

Mais pourquoi rêve-t-on tant d'expédition à Tamatave?

C'est bien simple. Quelle aubaine qu'un corps expéditionnaire et ceux qui n'auraient même pas jugé leurs bénéfices assez grands sauraient bien réclamer une indemnité, sous le fallacieux prétexte que la campagne a porté préjudice à leur commerce.

La preuve de cette appréciation en est dans ce fait qu'après la guerre de 1885, il y a eu une période de richesse factice, résultant des indemnités qu'on avait allouées.

Le créole n'est pas prévoyant et on a vécu largement d'abord, on s'est restreint ensuite. Aujourd'hui, on pleure misère.

Mais on se console vite aussi, et nous nous rappelons que tout était sauvé, que tout allait marcher au mieux des désirs de tous, et ce, pour avoir vu M. de Mahy pendant quelques instants en 1892.

Le bout de l'oreille est facile à apercevoir dans ces velléités belliqueuses.

Si nous allons sur la côte ouest, c'est une autre façon d'envisager la chose.

Les Hovas sont les plus intelligents de l'île, il suffit de s'entendre avec eux, rien à faire des Sakalaves, des brutes qu'il faudrait faire disparaître.

Mais, dîmes-nous, si on détruit les Hovas et les Sakalaves, que restera-t-il ?

Evidemment pas grand'chose, mais ce sera peut-être encore une assez bonne solution !

Cette réponse nous a paru un peu excessive, mais elle est bien dans le ton de Madagascar.

L'île est si vaste, les intérêts sont si divers ; comment s'étonner, d'après cela, d'appréciations aussi différentes.

Nous avons dit qu'il fallait savoir ce que l'on voulait, et si ce que l'on voulait valait les sacrifices qui s'imposeront, s'il y a expédition.

Nous venons de parler de quelques jugements portés sur les indigènes ; mais que valent donc réellement ces noirs ?

Au physique, ils sont en très grande partie

pourris par la syphilis et on pourrait dire que tous les Hovas le sont.

Quant au moral, le Malgache est paresseux, menteur, voleur et ivrogne.

Il est impossible de faire fond sur lui, une personne qui voudrait entreprendre une exploitation quelconque ne peut jamais savoir si elle aura demain les travailleurs noirs qu'elle a aujourd'hui.

Aussitôt que le Malgache possède une petite somme, il retourne vivre de peu, si peu que rien, dans son village et ce n'est que la faim qui le ramène.

Il arrive même que, sans motif, sans lui-même savoir pourquoi, il s'en va, ne réclamant pas ce qui pourrait lui être dû. On dirait que la bête sauvage, indomestiquable, reparaît en lui.

Voilà deux siècles que les Malgaches sont en contact avec les Européens, qu'ont-ils appris ? Rien !

Comment vivent-ils ? Comme ils ont toujours vécu !

Qu'est-ce qu'une case malgache ? Une paillote rectangulaire, sur le sol une natte et un morceau de bois pour appuyer la tête.

Un gros bambou contient l'eau ; leurs seuls ustensiles sont une marmite pour cuire leur riz et quelques mauvaises poteries indigènes.

Sur les côtes est et ouest, les habitations sont les mêmes.

Quant au costume du Malgache, il est aussi primitif.

L'enfant n'en porte pas, plus tard une loque passée entre les jambes et enroulée autour des reins ; un carré de cotonnade dans lequel il se drape et qui s'appelle lamba.

Les jambes et les pieds nus, pas même de sandales.

Les femmes portent une pièce d'étoffe serrée à la taille, une sorte de camisole étriquée, et s'enveloppent également dans un lamba.

Les Hovas riches s'habillent à l'européenne, mais portent toujours le lamba.

Ce serait une erreur de croire que l'on voit des tissus aux couleurs chatoyantes ; non, les lambas sont faits de vulgaires cotonnades, en général de provenance américaine.

Il y en a en soie fabriqués dans le pays ; ils servent à envelopper les morts ou sont achetés par les étrangers.

La nourriture du Malgache est presque aussi sommaire que son intérieur.

Le fond en est le riz ; il ajoute à cela un peu de bœuf ou de volaille, sur les côtes du poisson.

Il mange aussi des sauterelles desséchées et les chrysalides des vers à soie.

Il grignote un peu de manioc et de canne à sucre.

En somme, il vit misérablement.

Nous ne parlons pas des Hovas, quand ils veulent singer les Européens, nous disons quand ils veulent, car l'espèce est là qui reste toujours la même au fond.

Quelle est la population de l'île ? Cette question a bien son importance.

Les estimations généralement adoptées la portent à 3 ou 4 millions d'habitants tout au plus.

Les Hovas compteraient environ pour un million, les Betsileos quatre ou cinq cent mille, mais rien n'est moins certain ; ce qui est malheureusement trop vrai, c'est que l'île est à peine peuplée et qu'il y a de vastes espaces entièrement déserts.

Quelle peut être la valeur de l'île comme production ?

De suite, on nous parle de l'or, c'est fort bien ! mais nous ne croyons pas que ce soit suffisant !

Et n'est-ce pas ce que nous disions, ce mirage d'un nouvel Eldorado.

L'or, n'est-ce pas lui, en partie, qui a été la cause de la déchéance de la Guyane ? qui a fait négliger toutes les plantations ?

... Des mines de fer, de cuivre, de plomb, d'argent... mais il faut pouvoir les exploiter et ensuite amener le minerai à la côte.

Les forêts... il n'y a que celles de la région est dont on puisse tirer parti, et encore, situées sur le flanc des montagnes, elles se trouvent quelquefois très éloignées de la mer (d'Andevoranto à Ambavanihasy près de 60 kilomètres).

Les difficultés de transports et d'exploitation sont innombrables.

Et que sont-elles en présence de ces forêts des Guyanes, qui viennent jusqu'au bord de la mer, sillonnées par un immense réseau de fleuves; qui restent, elles, à peine exploitées, et qui renferment autrement de richesses. Partout ailleurs, l'île a été déboisée et surtout dans le centre.

En quittant la forêt de la côte est et allant jusqu'à Kinagy, sur la route de Tananarive à Majunga — soit 150 kilomètres — pas un arbre, sauf dans quelques villages autour de Tananarive.

Le pays tourmenté ne laisse voir qu'une terre jaune rouge, lavée par les pluies.

En résumé, que nous dit-on. Pays riche, tout peut y pousser à merveille, aussi bien les fruits des pays tempérés que ceux des tropiques.

La canne à sucre, le café, le cocotier (il est reconnu qu'il ne peut pas y vivre), etc.

Des mots que tout cela.

Qu'on nous montre une exploitation quelconque ayant réussi.

On objectera qu'avec les Hovas, il n'y a jamais eu moyen de rien tenter. Soit !

Supprimons par la pensée le Hova, est-ce que le caractère de l'indigène sera changé ?

Et puis, comment admettre que ces cultures soient rémunératrices ?

A la Réunion, à Maurice, à Nossi-Bé, aux Antilles, etc... que sont devenues les plantations de cannes ?

A combien en 1893 le change à la Réunion?

Variant autour de 30 0/0, et la valeur des plantations en exploitation subissant des dépréciations d'un tiers, de moitié et même plus, si encore on trouvait à s'en défaire.

Pourquoi? *Manque de bras!*

Comment donc alors vouloir créer des exploitations similaires à Madagascar, quand celles en cours depuis des années et des années crient misère!

A Diégo-Suarez nous sommes en sécurité, qu'a-t-on fait?

Combien y a-t-il de concessions? Qu'ont-elles produit?

En 1892, nous en connaissions quatre, à la montagne d'Ambre.

Une n'a jamais été exploitée, l'autre abandonnée, le concessionnaire de la troisième est mort et nous ignorons le sort de la quatrième.

On a aussi parlé de salines à Anamakia, qu'a-t-on fait? pas de sel, mais elles sont la source de contestations.

La graineterie avec sa fabrique de conserves, quel résultat a-t-elle obtenu, après avoir dépensé des millions?

Et cette forêt de la montagne d'Ambre, pourquoi n'en tire-t-on aucun profit?

Parce que les conditions d'exploitation sont trop difficiles, dit-on; comment se fait-il, qu'elles le seraient moins ailleurs... et les versants de la montagne d'Ambre sont à 8 kilomètres à peine de la mer.

On répète : Diégo-Suarez est un poste stratégique, ce n'est pas une colonie !

Mais alors pourquoi ne pas s'être établi en même temps sur un point qui aurait pu fructifier ?

Les Hovas !

Mais a-t-on été vraiment bien soucieux de savoir ce que l'île valait ? On a préféré des mots, des clichés, c'est plus commode.

Ainsi à quelques heures de mer de Diégo-Suarez, dans la baie de Passavanda, en face Nossi-Bé, se trouvent ou se trouveraient des mines de houille. Une richesse *inestimable*.

Qu'a-t-on fait pour les connaître ?

En 1855, on a laissé assassiner M. d'Arroy.

En 1883, une mission fut envoyée pour reconnaître ces gisements, mais peu après, au début de 1884, pour ne pas *entraver les négociations* avec les *Hovas*, ordre fut donné de ne rien faire.

Et ces territoires nous avaient été cédés depuis de nombreuses années, nous étions chez nous.

En 1885, par le fameux traité, nous les avons abandonnés.

Qu'on ne nous accuse pas d'exagération. Il faut lire le discours prononcé à la Chambre par M. de Mahy, le 27 février 1886.

Sur cette question si importante pour notre colonie de Diégo-Suarez :

On ne sait rien !

Alors que doit-on savoir sur ce qui concerne les questions de second ordre...

Nous voyons bien ce que l'on va nous dire ; les bœufs....

Les bœufs, est-ce qu'il n'y en a pas aussi dans les plaines du Sénégal et à en avoir, si on voulait, autant qu'on pourrait le désirer ?

La soie : elle est de qualité inférieure.

Le caoutchouc.....

Evidemment, car alors il n'y aurait rien ; ce sont produits de trafic sur la côte et un sauvage, en présence d'un voilier quelconque, sait fort bien échanger son bœuf, etc.... contre les objets qu'il convoitera.

Ce ne sont pas ces rapports qui nous paraissent nécessiter une expédition longue et onéreuse.

Du reste, la question n'est pas, non plus, tout à fait posée en ce sens ; on nous dit, l'île renferme des richesses immenses, nous avons droit, par traité, de nous installer, exploiter et acheter des terrains dans toute l'île et les Hovas ne voulant pas reconnaître notre protectorat, s'opposent à toutes *entreprises ;* il faut donc les châtier.

Pour être enfin maître à Madagascar, il faut aller à Tananarive, c'est là que se trouve toute la valeur de l'île, etc..... N'est-ce pas cela que l'on répète à satiété ?

Très bien ! mais la possession de ces « richesses ? » vaut elle les énormes sacrifices qu'elle nécessitera ?

C'est toujours cette question qui nous préoccupe, moins au point de vue financier que de songer au nombre de nos soldats qui succomberont à la fièvre, sans avoir presque seulement eu à combattre.

Voyons ce que c'est que cette Emyrne :

Certainement, quand après avoir traversé les misérables villages disséminés çà et là sur la route, on arrive au plateau central, on est frappé du changement subit; on voit des villages et l'aspect en est pittoresque, car ils sont construits en briques séchées.

Au loin, sur son rocher, Tananarive apparaît vous donnant l'illusion d'une civilisation avancée.

Quelle désillusion !!

On vous a parlé soies, lambas, votre imagination galope, vous vous attendez à voir des costumes éclatants, que sais-je?

Hélas ! rien de tout cela; pas même un bazar dans le sens que l'on donne en France à ce mot et si l'on rencontre des Hovas plus ou moins vêtus à l'européenne, avec toujours leurs lambas de camelote américaine, on s'aperçoit vite qu'entre les sauvages des paillotes et eux, la différence n'est pas grande.

Autour de la ville, des marais, des rizières.

Et les villages qui, de loin, vous avaient séduit, ne sont qu'un décor.

A peu de distance de Tananarive et surtout dans le Boueni, la saleté en est souvent épouvantable.

Hommes et cochons vivent ensemble; plus d'une fois, il nous est arrivé d'expulser ces derniers, pour éviter de passer la nuit à la belle étoile.

En admettant même qu'on songe à créer de

grandes industries, de grandes cultures dans l'Emyrne, on sera arrêté par le manque de bras d'abord et l'absence de routes.

On répond : on fera des routes; on parle même de chemins de fer ! pour transporter quoi ?

On nous dira : mais M. Laborde avait bien des fabriques !

Nous répondrons : M. Laborde avait des travailleurs en aussi grande quantité qu'il voulait, parce que c'étaient des esclaves de la reine, assujettis à la corvée.

Et cette question de l'esclavage ne doit pas être oubliée.

Si nous allons à Tananarive, quelle sera la solution qu'on lui donnera ?

Si on libère en masse les esclaves, on sera en présence de réclamations de leurs maîtres, qui seront ruinés.

Ils sont nombreux, les esclaves, peut-être la moitié de la population.

Et quand ils seront libres, ils se moqueront tant qu'ils pourront de nous, car comment les faire obéir ?

Puis, il ne faut pas croire qu'on aille à Tananarive comme cela !

Il n'y a pas plus de route du côté de Majunga que de Tamatave ; le pays n'est qu'un amoncellement de collines et de montagnes.

Qu'on ne nous accuse pas de vouloir jeter le découragement, en disant cela ; les difficultés seraient-elles dix fois, cent fois plus grandes, que nous savons que nos soldats en viendraient à bout ; seulement, nous voulons encore revenir à notre question : les avantages sont-ils en rapport avec les sacrifices ?

Voyons rapidement quelles sont les deux routes qui mènent à Tananarive ?

La distance de Tamatave à la capitale est d'environ 280 kilomètres.

De Tamatave à Andevoranto, on marche entre la mer et les étangs ; on se sert aussi de pirogues.

Cette distance est de 100 kilomètres.

D'Andevoranto, généralement on remonte la rivière jusqu'à Maromby, mais on peut la traverser seulement et faire la route par terre.

Le pays est mamelonné, facile, pas d'arbres, si ce n'est dans les fonds où il y a un peu d'eau, quelques raffias ou arbres du voyageur (ravenala).

On approche des montagnes qui apparaissent

boisées, on est à Ampasimbe (46 kilomètres) ; on traverse un petit bois et on arrive à Beforona (500 mètres d'altitude), à l'entrée de la forêt, que l'on quitte à Ampasimpotsy (985 mètres d'altitude).

D'Ampasimbe à ce village (44 kilomètres), c'est la partie la plus pénible de la route.

La forêt peut avoir 25 kilomètres d'épaisseur ; nous l'avons traversée en une journée.

La première chaîne de montagnes est franchie, on gagne sans difficulté Moramanga (8 kilomètres).

On aperçoit pour la première fois des maisons en briques.

La traversée de la vallée du Mongoro est très facile et, après avoir circulé dans des rizières, on arrive à Sabotsy (32 kilomètres).

On attaque alors la seconde chaîne de montagnes, on traverse encore une petite forêt de très peu d'épaisseur et on est entré dans l'Emyrne ; on continue à s'élever facilement jusqu'à environ 1,550 mètres d'altitude et on aperçoit au loin Tananarive.

De Sabotsy à la capitale, il y a 49 kilomètres ; au loin on voit des villages, mais nous avons dit ce qu'ils étaient.

Pour éviter les marais entre Tamatave et Andevoranto, on pourrait se diriger directement sur Ampasimbe ; et, si on pouvait débarquer à Andevoranto, quel avantage ! 100 kilomètres gagnés !

La distance de Majunga à Tananarive est de 450 kilomètres.

On fait valoir en faveur de cette route que l'on peut remonter l'Ikopa au delà de sa rencontre avec le Betsiboka jusqu'à Maevatanana.

En pratique, il n'en est pas toujours ainsi et c'est malheureux, car de Maevatanana et Tananarive il n'y a que 280 kilomètres.

Le fleuve ne peut être remonté que par des bateaux d'un très faible tirant et encore seulement pendant la saison des pluies — octobre à mars.

Nous l'avons descendu en pirogue à partir de Maevatanana et étant partis à 2 heures du soir, nous n'avons pu parvenir que le quatrième jour à minuit à Maroway ; l'hivernage était cependant commencé.

De là, avec un boutre, il nous a fallu, pour arriver à Majunga, un jour et une nuit ; cette dernière passée à attendre la marée.

Nous nous demandons quel avantage offre

cette route ; on se trouve en présence, dans une expédition, d'un ravitaillement qui peut devenir extrêmement difficile et sera en tout cas toujours très onéreux.

Ce n'est pas tout, il faut songer aux porteurs.

Or, cette région est la moins peuplée et, en outre, si les Sakalaves sont des combattants, ils ne pourront servir de porteurs.

C'est d'autant plus grave qu'il faut bien savoir qu'on ne trouvera *rien* dans le pays.

Ceci dit, revenons à notre route.

En quittant Maevatanana, on circule au milieu de gros blocs de rochers, isolés ; on longe un peu l'Ikopa et on arrive à Ampasihiry (60 kilomètres.)

Il faut gravir des collines qui s'éboulent et, circulant dans des vallées plus ou moins étroites, on est à Malasty (30 kilomètres).

Après avoir passé la rivière Kamalandy, on trouve un défilé des plus étroits ; il faut traverser la rivière Mamokimita et s'élever brusquement sur une crête à pic des deux côtés, longue de quelques kilomètres : pour descendre brusquement à Ampotaka, 40 kilomètres.

On est dans les montagnes, on a vu quelques

petits bois pendant ce parcours ; village d'Ambohinoro (18 kilomètres).

A partir de ce point, nous n'allons plus voir un arbre, même un arbrisseau, sauf exception dans les villages.

Kinagy, pays désolé, desséché ; puis on descend brusquement dans une gorge tourmentée.

Tous les villages traversés étaient sakalaves, construits en paillotes, entourés de fossés profonds défendus par des cactus.

Maintenant, nous sommes dans de misérables villages de l'Emyrne, quelques maisons et quelle pauvreté ! et ce jusqu'à Tananarive.

Lorsque cette triste gorge est franchie, on trouve Ankadoze (50 kilomètres).

De ce point, on remonte entre les montagnes jaunes, aveuglantes, sans rien qui repose le regard, pour arriver aux marais qui sont auprès de Tananarive, qu'on n'aperçoit seulement qu'à quelques heures de distance (85 kilomètres).

Nous ne voulons pas savoir, si on veut aller à Tananarive, quelle route sera préférée.

Nous avons donné un aperçu rapide des deux itinéraires, qui ont chacun leurs avantages et les inconvénients.

La question des porteurs est des plus graves, pour l'une comme pour l'autre : un homme porte 35 à 40 kilogrammes, y compris son riz.

Quel nombre considérable n'en faudra-t-il pas ?

Si nous nous permettions un conseil, nous engagerions beaucoup à se servir du bœuf à bosse (zébu).

Mais, quoique des Européens aient déjà songé à son utilisation en ce sens, le Malgache ne la connaît pas ; d'où grave embarras.

Il nous paraîtrait donc utile de prendre des Sénégalais qui savent s'en servir et s'en servent de tout temps.

Inutile d'insister sur les avantages que présente ce mode de transport.

Il faut donc que le gouvernement soit franc et loyal dans cette question de Madagascar, et malheureusement nous craignons qu'il n'aille s'engager, par un coup de tête, dans une expédition qui fera le jeu d'un des éléments les plus dissolvants de l'île : les Mauriciens, sujets anglais.

Qui n'a entendu ces bons amis dire : « Si nous étions assurés d'un peu de sécurité à Madagascar, nous viendrions nous y établir. »

Oui, pour piailler tout le temps, demander des dommages et intérêts, pour ceci, pour cela...

N'est-ce pas ce qui s'est passé à la Guyane où on amenait des Hindous qui, soutenus par leurs consuls, criaient toujours, entravaient tout travail, et, un beau jour, les Anglais interdirent leur immigration chez nous, mais pour en amener la même année 10,000 à Demerara (1878).

Aussi, quand nous entendons dire que Madagascar est une colonie de *peuplement*, que c'est son peu de population qui fait sa valeur, puisqu'en prenant des terres, les mines non exploitées, on n'aurait pas d'indemnités à payer, nous bondissons à l'émission d'une semblable appréciation.

Avec quoi allez-vous peupler Madagascar ?

Nos autres colonies sont-elles déjà si riches en Français ?

L'Algérie, à quelques heures de France, est-elle peuplée comme elle devrait être ?

Le Sénégal, la Guadeloupe, la Martinique, la Guyane et les autres...

Et vous voulez de suite peupler Madagascar ; avec quoi donc ? La méfiance qu'inspire votre organisation et l'abandon des autres colonies ?

Oui ! Madagascar a besoin d'être peuplée, grand besoin ! sait-on en France combien il y a d'Européens et de créoles ; si nous prenons l'*Annuaire de* 1892, ne comptant pas Diégo-Suarez, ni nos résidents, l'escorte, les consuls étrangers, les pères jésuites et les missionnaires, nous trouvons que les étrangers, dans toute l'île, sont environ 700.

	Français et créoles de Bourbon.	Anglais et Mauriciens.	Nationalités diverses en grande partie Anglais et Mauriciens.
	318	158	222
Répartis comme suit :			
Tamatave. . . .	91	29	75
Tananarive . . .	13	12	5
Suberbieville . .	90	»	5
Majunga	5	2	»

Le reste disséminé çà et là sur les côtes.

Ces données, du reste, doivent être prises plus comme une indication générale que comme renseignement très précis ; et puis la population est extrêmement flottante, qu'on augmente, si l'on veut, ces chiffres de tant et tant.

Il y a encore un élément non porté, et que nous considérons comme très dangereux : les Hindous, ces destructeurs du commerce et de plus sujets anglais.

Ils sont assez nombreux déjà, trop peut-être !

Oh oui! envisagée ainsi, l'île a besoin d'être peuplée; mais Madagascar est à la France et elle doit être aux Français.

Nous ne voyons pas pourquoi, même excités par les « kiss! kiss! » des Anglais qui jubileront de nous voir embarqués dans une équipée qui immobiliserait notre flotte, grèverait notre budget, nous irions nous jeter follement dans une entreprise ruineuse, pour leur permettre, à eux, de venir sous des noms différents, s'emparer de ce qui nous appartient.

Qu'on y prenne garde, le Panama n'est pas encore si loin de nous, pour qu'on ne se demande pas si les panamistes ne deviendraient pas, par hasard, des Madagascaristes.

Encore une fois, il faut que le gouvernement déclare ce qu'il entend faire : nous sommes certains que le pays ne veut plus se payer de « on verra, on agira suivant les circonstances »... appuyés par la claque de la Chambre.

Qu'on nous dise si on veut aller, oui ou non, à Tananarive!

Combien coûtera l'expédition, et pas de demandes de crédits insuffisants, pour en demander encore et encore.

De même pour les troupes : plus de petits paquets.

Ensuite, comment on entend administrer le pays.

Protectorat ou administration directe.

Protectorat ! mais ce serait méconnaître l'histoire et le passé.

S'entendre avec un Hova quelconque (nous disons quelconque, car le premier ministre n'existera plus), mais c'est méconnaître tout.

C'est revenir au traité de 1885.

Comment ferez-vous la police ?

Comment rendrez-vous la justice ?

Le nombre de troupes qu'il faudra à Tananarive ?

Et les esclaves ! ils sont la moitié de la population.

Quels impôts mettrez-vous ?

Comment les percevrez-vous ?

Les routes...

Enfin si, oui ou non, on a un programme d'administration !

Si le budget d'une semblable entreprise est étudié ?

Quelles recettes opposez-vous aux dépenses ?

Les douanes ! oui ! mais elles seront insuffisantes; combien demanderez-vous de crédit annuellement, pour boucher les trous de votre orgie de millions ?

Bien entendu nous ne parlons que d'une administration régulière.

Les sommes nécessitées par l'expédition seront irrécouvrables ; penser à réclamer une indemnité, à qui ? C'est folie ; que les Hovas aient eu, comme le bruit en court, une réserve de guerre, il y a longtemps qu'elle est épuisée, alors quoi ? des impôts extraordinaires, qui donc viendra à Madagascar pour les payer.

Pour finir, il faut répondre à deux questions ;

L'expédition : elle coûtera tant.

L'administration : tant.

Et nous ne nous contenterons pas d'ordre du jour par lequel « la Chambre confiante dans la sagesse, la prudence, etc., du gouvernement »... ....

Il faut la vérité, toute la vérité !

On va très probablement nous accuser d'hostilité à toute tentative coloniale.

Nous protestons énergiquement contre cette imputation : car, au contraire, nous voudrions voir nos colonies peuplées de Français riches, prospères.

Mais nous redoutons la routine de l'administration et c'est une des causes qui nous font appréhender une expédition dans l'Emyrne.

On ne peut s'empêcher de songer qu'on n'osera

pas résister aux nombreuses sollicitations des sénateurs et des députés, qui ont toujours quelqu'un à protéger et à caser, même à se débarrasser; que d'argent gaspillé et à quelles gens souvent jeté !

On nous dira : Vous n'avez posé que des questions, c'est facile ; il faudrait cependant tirer des conclusions.

Certainement, et c'est ce que nous allons faire.

D'abord, nous avons raisonné jusqu'ici comme on raisonne en France et nous n'avons, en envisageant l'expédition d'Emyrne, parlé que des Hovas.

Mais, qu'on veuille bien se souvenir que nous avons dit : Il n'y a pas que des Hovas à Madagascar ; il y a les tribus restées indépendantes et celles où les Hovas osent avoir quelques postes, et encore dans des situations très précaires.

Donc, admettant un protectorat, les Hovas n'auront pas plus de puissance que maintenant sur ces tribus; nous serons obligés de les appuyer et nous récolterons la haine.

Si c'est une administration directe, les Hovas se sauveront, se feront fahavalos et nous serons obligés de donner la chasse à toutes ces bandes de pillards, sans cesse renaissantes et que nous ne pourrons pas poursuivre.

Il faudra réduire les tribus une à une, entretenir des postes nombreux, et cela pourquoi ?

Par amour-propre, l'Anglais nous ayant excité, la gloriole, une fausse vanité (prenant toujours les Malgaches pour des civilisés), nous pousseront à Tananarive.

Mais comment faire alors ? comment venir à bout de ces résistances ?

Raisonnons : le traité de 1885 est déchiré ; traitons les Hovas en sauvages ; plus de traité, rien.

La France est maîtresse à Madagascar, nous ordonnons.

Qu'on donne vingt-quatre heures à Ratuelo, gouverneur d'Ambohimarino, qui menace Diégo-Suarez, d'avoir à évacuer sa position ; quelques coups de canon l'auront bien vite fait déguerpir.

Puis, s'il faut s'emparer ensuite de quelques autres postes, qu'on le fasse.

Si les Sakalaves sont encore autant que cela nos amis, qu'on leur promette aide et protection et qu'on tienne sa parole.

Ils chasseront alors les Hovas de leur contrée ; qu'on s'établisse dans la baie de Passavanda et qu'on étudie les houillères de Bavoulabé.

Qu'on se fortifie à Majunga.

Sur la côte est, installez-vous à Vohémar, Tamatave, Andevoranto, Vatomandry, Mananjary.

A Fort-Dauphin, délogez les deux ou trois cents Hovas, tâchez de vous entendre avec les indigènes et établissez une colonie qui sera au sud ce que Diégo-Suarez est au nord.

Traitez le Hova comme s'il n'existait pas, chassez-le des points que vous occuperez et faites-le chasser ailleurs par les indigènes.

Et surtout qu'on ne commette pas la faute, sur leurs instances, de traiter avec eux, tout serait plus tard remis en question.

Le Hova est un sauvage avec qui on ne traite plus

Bientôt ils se battront entre eux, seront réduits à la misère et l'accès de l'Emyrne sera facile.

Ce sera moins long et moins onéreux qu'une expédition dans l'intérieur, puisqu'on n'aura pas, du moins, à combattre les tribus indépendantes.

Et il vaut mieux une sécurité assurée dans un rayon donné, qu'une sécurité sur parole, mais sans garantie dans toute l'île.

En résumé, faire le blocus de l'Emyrne.

Les droits de douane seront dans nos mains et si on craint la contrebande, nous répondrons que même dans l'Emyrne, nous ne pourrions surveiller tous les points. Alors...

Madagascar est à la France et si un étranger veut pénétrer dans l'intérieur, là où il lui sera interdit, s'il lui arrive quelque chose, tant pis pour lui, et qu'il n'ait rien à réclamer.

Dans tous les cas, nous espérons que le coq gaulois ne se laissera pas chaponner par le louche chapard britannique.

Il ne faut pas avoir d'amour-propre avec des sauvages, ni se laisser pousser par des excitations étrangères.

Le mot d'affolement que nous avons employé caractérise malheureusement trop bien cet état d'esprit.

Et nous craignons que s'il y a une faute à commettre elle le sera.

Les petits hommes aiment les grands fusils, les grands chevaux et... les grandes affaires.

Nous avons dit ce que nous avons cru de notre devoir de dire.

BIBLIOTHÈQUE NATIONALE R.F. IMPRIMÉS

Paris-Imp. PAUL DUPONT, 1354-10.94 T

www.ingramcontent.com/pod-product-compliance
Lightning Source LLC
LaVergne TN
LVHW010041230826
846091LV00005B/1818
* 9 7 8 2 0 1 3 4 2 3 6 5 6 *